JN065553

とりあえず
日本語能力試験対策

N2
文字・語彙

上田暢美　内田嘉美　桑島卓男　糠野永未子
吉田歌織　若林佐恵里　安達万里江

ココ出版

とりあえず… (「はじめに」の代わりに…)

　みなさん、こんにちは。はじめまして。「とりあえず」この本を開いたみなさん、とてもラッキーですよ。日本語能力試験合格に一歩近づいたと思います。

　なぜなら、この本は問題数が多いからです。私たちは長年の日本語教師の経験から、合格のためには多くの問題を解いて、知らない語彙や表現を知ることで合格へ近づけると考えています。そこで、実際の日本語能力試験の形式に基づいた問題数の多い問題集を作りました。

　合格をめざしてたくさんの問題にチャレンジできます。実際の試験のように時間を計って、問題を解いてみてください。間違えた問題はもう一度解いてください。覚えるまで何度も何度も解いてみてください。そうすれば、合格は目の前です。

　さあ、「とりあえず」ページを開いて、「とりあえず」解いて、「とりあえず」覚えてみてください。そして合格してください。応援しています。

著者一同

目 次

別冊：解答・解説

この本の使い方 ——————————————

　本書はアウトプットの練習として使うことを考えていますが、インプットの手段としても利用することができます。つまり、あなたの今の力を実戦形式で測ることと、新しい知識を得ることの両方ができるのです。

　以下に簡単な使い方を書いておきますので参考にしてください。

１．何度も解くことをお勧めします

　テスト勉強では、絶対量が大切です。特に、間違えた問題をそのままにしておくと、解いた意味がありません。何度もやり直して知識を定着させましょう。

＝＝＝

例）

4回解く

　1回目：直接書き込まないでノートにやる。できなかったものには印をつけておく

　2回目：直接書き込まないでノートにやる。印のあるものを解く。再びできなかった
　　　　　ものには新たに印をつけておく

　3回目：直接書き込まないでノートにやる。新しい印のあるものを解く

　4回目：時間を計って全問解く。目安の時間よりも短い時間で解くようにする

＝＝＝

２．通しでやる必要はありません

　特に文字・語彙の問題などは、1問あたりにかかる時間は短いですね。すき間時間＝バスや地下鉄の中など＝にやってみる。机に向かって勉強するだけが唯一の方法ではありません。

３．わからなければ解答を見る

　最終的に、本試験当日にできればよいのです。そのために「考えてもわからない」問題は積極的に解答を見て、知識を得、身につけるようにしてください。

4．スピード優先

　1ページ目から時間をかけてすべてを理解しようとする必要はありません。どうせ何回も解くのですから、最初は全体の半分でも理解できればいいや、という具合に気楽に考えてください。2回目、3回目で頭に入れればいいのです。そのためにも、立ち止まらずにさっさと進めて行ってください。

達成表

	例	第1回	第2回	第3回	第4回	第5回	第6回	第7回	第8回	第9回	第10回
1回目	15										
2回目	23										
3回目	28										
4回目	32										

解き終わったら、
32問中何問正解だったか
書き込みましょう

日本語能力試験（JLPT）の概要

原則として日本語を母語としない人を対象に、日本語能力を測定し認定する、世界最大規模の日本語の試験です。1984 年に始まり、2010 年に新形式となりました。N5 から N1 までの 5 レベルに分かれています。

▶**主催**

　　国内：国際交流基金と日本国際教育支援協会の共催

　　海外：国際交流基金が各地機関の協力を得て実施

　　　　※台湾では公益財団法人日本台湾交流協会と共催

▶**開催時期**：7 月と 12 月の年 2 回（開催場所によっては年 1 回）

▶**開催場所**：日本の 47 都道府県。海外の開催都市については公式サイトを参照

試験の詳細については公式サイトをご覧ください。　　https://www.jlpt.jp

N2 について

▶**時間**

　　言語知識（文字・語彙・文法）・読解 ………… 105 分

　　聴解 ……………………………………………… 50 分

▶**得点**

総合得点		得点区分別得点					
		言語知識 （文字・語彙・文法）		読解		聴解	
得点の範囲	合格点	得点の範囲	基準点	得点の範囲	基準点	得点の範囲	基準点
0 ～ 180 点	90 点	0 ～ 60 点	19 点	0 ～ 60 点	19 点	0 ～ 60 点	19 点

合格するためには、①総合得点が合格に必要な点（＝合格点）以上であること、② 各得点区分の得点が、区分ごとに設けられた合格に必要な点（＝基準点）以上であること、の二つが必要です。一つでも基準点に達していない得点区分がある場合は、総合得点がどんなに高くても不合格になります。

得点は、「尺度得点」を導入しています。尺度得点は「等化」という方法を用いた、いつも同じ尺度（ものさし）で測れるような得点です。尺度得点を利用することで、試験を受けたときの日本語能力をより正確に、公平に、得点に表すことができます。

▶認定の目安

　　日常的な場面で使われる日本語の理解に加え、より幅広い場面で使われる日本語をある程度理解することができる。

<u>読む</u>

・幅広い話題について書かれた新聞や雑誌の記事・解説、平易な評論など、論旨が明快な文章を読んで文章の内容を理解することができる。

・一般的な話題に関する読み物を読んで、話の流れや表現意図を理解することができる。

<u>聞く</u>

・日常的な場面に加えて幅広い場面で、自然に近いスピードの、まとまりのある会話やニュースを聞いて、話の流れや内容、登場人物の関係を理解したり、要旨を把握したりすることができる。

▶ N2 文字・語彙の構成

大問		ねらい
1	漢字読み	漢字で書かれた語の読み方を問う
2	表記	ひらがなで書かれた語が、漢字でどのように書かれるかを問う
3	語形成	派生語や複合語の知識を問う
4	文脈規定	文脈によって意味的に規定される語が何であるかを問う
5	言い換え類義	出題される語や表現と意味的に近い語や表現を問う
6	用法	出題語が文の中でどのように使われるのかを問う

第**1**回

正答数

32 問

解答時間のめやす

20

分

解答・解説 ——→ 別冊 2 ページ

問題1 ＿＿＿の言葉の読み方として最もよいものを、1・2・3・4から一つ選びなさい。

1 その会社では高い専門性が<u>要求</u>される。

   1 よっきゅ　　　　2 よっきゅう　　　3 ようきゅう　　　4 ようきゅ

2 プレゼンが<u>無事</u>終わって、ほっとしている。

   1 むじ　　　　　2 むし　　　　　　3 ぶじ　　　　　　4 ぶし

3 それは法律で<u>定められて</u>いることだ。

   1 せめられて　　2 とどめられて　　3 おさめられて　　4 さだめられて

4 今年の<u>目標</u>は、毎日運動することだ。

   1 もくひょう　　2 もくぴょう　　　3 めひょう　　　　4 めぴょう

5 コンピューターのない<u>世の中</u>なんて、今では考えられないだろう。

   1 せのなか　　　2 せのちゅう　　　3 よのなか　　　　4 よのちゅう

第1回　第2回　第3回　第4回　第5回　第6回　第7回　第8回　第9回　第10回

問題2 _____の言葉を漢字で書くとき、最もよいものを、1・2・3・4から一つ選びなさい。

6 たくさん入れすぎて、袋がやぶれてしまった。
　　1　被れて　　　　　2　破れて　　　　　3　削れて　　　　　4　割れて

7 学校でのいじめがしんこくな問題となっている。
　　1　探核　　　　　2　探刻　　　　　3　深核　　　　　4　深刻

8 （手紙で）
　お客様に大変じゅうようなお知らせがございます。
　　1　重要　　　　　2　重用　　　　　3　充要　　　　　4　充用

9 洗濯物がまだしめっていて、乾いていない。
　　1　湿って　　　　　2　閉めって　　　　　3　占めって　　　　　4　染めって

10 今朝、東京で初雪がかんそくされたそうだ。
　　1　観側　　　　　2　観測　　　　　3　監側　　　　　4　監測

第1回

第2回

第3回

第4回

第5回

第6回

第7回

第8回

第9回

第10回

問題3 （　　　　）に入れるのに最もよいものを、1・2・3・4から一つ選びなさい。

11 連休中はひまだったが、休み（　　　　）から忙しくなる。

1　過ぎ　　　　　　2　明け　　　　　　3　越え　　　　　　4　抜け

12 あの子は元気だから冬でも（　　　　）ズボンをはいている。

1　半　　　　　　　2　簡　　　　　　　3　片　　　　　　　4　軽

13 そのドラマは京都にある映画の撮影（　　　　）で撮られたそうだ。

1　署　　　　　　　2　市　　　　　　　3　点　　　　　　　4　所

14 このバイクはもともと日本のメーカーが海外向けに作っていたものを（　　　　）輸入したものだ。

1　反　　　　　　　2　別　　　　　　　3　逆　　　　　　　4　裏

15 安全（　　　　）を考えたら、この車が一番いいと思う。

1　的　　　　　　　2　率　　　　　　　3　性　　　　　　　4　力

問題4 （　　　）に入れるのに最もよいものを、1・2・3・4から一つ選びなさい。

16 卒業論文の（　　　）はもう決まりましたか。
1　ターン　　　　　2　スーツ　　　　　3　シーン　　　　　4　テーマ

17 妹は大学の入学が決まり、（　　　）引越しの準備を進めている。
1　着々と　　　　　2　続々と　　　　　3　すらすらと　　　　4　すくすくと

18 あの喫茶店は大通りに（　　　）いて、いつも客でいっぱいだ。
1　触れて　　　　　2　対して　　　　　3　面して　　　　　4　当たって

19 最近、仕事で難しい問題を（　　　）いて、なかなかよく眠れない。
1　抱えて　　　　　2　蓄えて　　　　　3　結んで　　　　　4　維持して

20 この文章の印刷したい（　　　）を選択してください。
1　領土　　　　　　2　分野　　　　　　3　範囲　　　　　　4　地域

21 サイズの違う電球を買ってしまったので、店に行って（　　　）してもらった。
1　交代　　　　　　2　交換　　　　　　3　変換　　　　　　4　代用

22 いい天気の休日に家族や友人と一緒に外で食事するのは（　　　）時間だと思う。
1　豊富な　　　　　2　熱心な　　　　　3　さかんな　　　　4　ぜいたくな

問題5 ＿＿＿の言葉に意味が最も近いものを、1・2・3・4から一つ選びなさい。

23 この歌を聞くと、故郷（こきょう）のことを思い出す。

　　1　出身地　　　　2　仲間　　　　3　むかし　　　　4　当時

24 森内（もりうち）さんはいつも いい加減な ことを言う。

　　1　大げさな　　　2　すてきな　　3　立派（りっぱ）な　　4　無責任な

25 隣（となり）の息子さん、大学の試験に とおった らしいですよ。

　　1　遅れた　　　　2　失敗した　　3　合格した　　　4　行った

26 各部署から出された 報告書 をまとめておいてください。

　　1　サイン　　　　2　プラン　　　3　レポート　　　4　アイデア

27 今月は予定が ぎっしり 入っている。

　　1　ときどき　　　2　たくさん　　3　ほどよく　　　4　すこし

問題6　次の言葉の使い方として最もよいものを、1・2・3・4から一つ選びなさい。

28　あいにく

1　あいにくですから、一緒にお茶でも飲みませんか。

2　パーティーに行けなくて、とてもあいにくだと思う。

3　友人を訪ねたがあいにく留守だったので、伝言を残しておいた。

4　旅行先であいにく中学校の同級生に会って非常に驚いた。

29　見当

1　試験のときは何度も答えを見当したほうがいいですよ。

2　こんな成績ではあの大学に合格する見当はないよ。

3　火の気がない所で火災が発生した。原因は何なのか見当もつかない。

4　お腹がすいたんでしょう？　あなたの心の中は全部見当だよ。

30　なだらか

1　この辺りは気候がなだらかで、冬もそれほど寒くなく暮らしやすい。

2　今回見たミュージカルの衣装はどれもなだらかだった。

3　彼女はなだらかな性格で、いつも笑顔で怒ったところを見たことがない。

4　この散歩道はなだらかな上りなので、子どもやお年寄りでも楽しめる。

31　掲示

1　山本先生が長年かけて書き上げた論文が、世界でも有名な雑誌に掲示された。

2　大学の案内板に掲示されていたアルバイト募集の紙を見て応募した。

3　最近テレビでよく掲示されている車の試乗会とあって、多くの人でにぎわっていた。

4　次の会議で使う資料を前日までにメールに掲示して送るように言われた。

32　険しい

1　夜遅く家へ帰ると、父が険しい顔で待っていた。

2　この仕事はとても険しくて、気をつけないとけがをする可能性がある。

3　今月はスケジュールが険しいので、忙しくなりそうだ。

4　子どもが険しいナイフを使うときは、周りの大人が十分注意する必要がある。

第**2**回

正答数

/ 32 問

解答時間のめやす

20

分

解答・解説 ——→ 別冊 2-3 ページ

問題1　＿＿＿の言葉の読み方として最もよいものを、1・2・3・4から一つ選びなさい。

1 このカレーは<u>辛すぎて</u>子どもには食べられない。

　　1　からすぎて　　　　2　つらすぎて　　　　3　まずすぎて　　　　4　きつすぎて

2 今日の中村（なかむら）先生の説明は<u>抽象的</u>でわかりにくかった。

　　1　ゆうしょうてき　　　　　　　　2　ゆうぞうてき

　　3　ちゅうぞうてき　　　　　　　　4　ちゅうしょうてき

3 結婚式はしないで、<u>親しい</u>友人を招待してパーティーをするつもりだ。

　　1　なつかしい　　　2　たのもしい　　　3　くわしい　　　　4　したしい

4 ミスをしたら、<u>正直</u>に認めて謝（あやま）ったほうがいい。

　　1　しょうちょく　　2　しょうじき　　　3　せいじき　　　　4　せいちょく

5 明日の午後2時ごろ、空港に<u>到着</u>する予定です。

　　1　とちゃく　　　　2　とじゃく　　　　3　とうちゃく　　　4　とうじゃく

第1回　第2回　第3回　第4回　第5回　第6回　第7回　第8回　第9回　第10回

問題 2 _____の言葉を漢字で書くとき、最もよいものを、1・2・3・4から一つ選び
なさい。

6 インフルエンザを<u>ふせぐ</u>には、やはり手洗いとうがいが一番です。

   1　守ぐ　　　　　　2　防ぐ　　　　　　3　護ぐ　　　　　　4　保ぐ

7 このシステムがうまく<u>きのう</u>すれば、作業がよりよく進むだろう。

   1　技能　　　　　　2　可能　　　　　　3　効能　　　　　　4　機能

8 大学は 10 年前に卒業したが、週末のみ開かれている<u>こうぎ</u>に参加している。

   1　講議　　　　　　2　構議　　　　　　3　講義　　　　　　4　構義

9 試合に負けたことを一人のミスのせいだと<u>せめる</u>のはおかしい。

   1　決める　　　　　2　苦める　　　　　3　責める　　　　　4　痛める

10 最近の若者は<u>じょうしき</u>を知らないと言われるが、そうだろうか。

   1　賞識　　　　　　2　常識　　　　　　3　賞職　　　　　　4　常職

問題3 （　　　　）に入れるのに最もよいものを、1・2・3・4から一つ選びなさい。

11 午後の会議には、社長ではなく（　　　　）社長が出席するそうだ。

　　1　準　　　　　　　2　助　　　　　　　3　副　　　　　　　4　補

12 この辺りでは夜になると会社員（　　　　）の男性が多く見られる。

　　1　風　　　　　　　2　的　　　　　　　3　式　　　　　　　4　様

13 来年、この建物の（　　　　）向かいに新しいマンションが建設される予定だ。

　　1　正　　　　　　　2　真　　　　　　　3　総　　　　　　　4　全

14 缶・ビン（　　　　）は毎週火曜日に出してください。

　　1　種_{しゅ}　　　　　　2　集_{しゅう}　　　　　3　類_{るい}　　　　　4　属_{ぞく}

15 今、この映画館では、映画の（　　　　）場面ばかりを集めたものを上映している。

　　1　名　　　　　　　2　有　　　　　　　3　高　　　　　　　4　再

第1回
第2回
第3回
第4回
第5回
第6回
第7回
第8回
第9回
第10回

問題4 （　　　）に入れるのに最もよいものを、1・2・3・4から一つ選びなさい。

16 この（　　　）を逃したら、次はないと思ったほうがいい。
1　チェンジ　　　2　チャンス　　　3　チャット　　　4　チェーン

17 休日はたいてい、家事も外出もせずに（　　　）している。
1　ゆらゆら　　　2　ぶらぶら　　　3　うろうろ　　　4　ごろごろ

18 子どものころはよく石に（　　　）ころんだものだ。
1　ひっかかって　　2　すべって　　　3　つまずいて　　　4　からんで

19 水原さん、みなさんの意見を（　　　）発表してください。
1　述べて　　　2　求めて　　　3　こなして　　　4　まとめて

20 大学で勉強しているうちに将来は海外で働きたいという（　　　）が高まった。
1　意欲　　　2　反応　　　3　知識　　　4　態度

21 ペットボトルを川に投げ捨てる人を見て、（　　　）しまった。
1　あてはめて　　2　あきれて　　　3　ちらかって　　　4　あじわって

22 授業が終わると、学生たちが（　　　）教室を出てきた。
1　一定に　　　2　一面に　　　3　一斉に　　　4　一般に

問題5 ＿＿＿＿の言葉に意味が最も近いものを、1・2・3・4から一つ選びなさい。

23 普段わかる漢字でも、テストのときになるとわからなくなってしまうことがある。

　　1　よく　　　　　2　いつも　　　　3　ときどき　　　4　まあまあ

24 この本は、これから社会に出る大学生にぴったりの本です。

　　1　人気の　　　　2　おすすめの　　3　ふさわしい　　4　売れている

25 みじめな姿は誰にも見せたくないものだ。

　　1　きたない　　　2　まじめな　　　3　ひっしな　　　4　なさけない

26 昨日終了した私たちのコンサートのポスターをはがした。

　　1　とった　　　　2　すてた　　　　3　やぶいた　　　4　あつめた

27 A「あれ？　王さんはどこ？」
　　B「王さん？　休みかなあ……見てませんね。」

　　1　留守　　　　　2　早退　　　　　3　遅刻　　　　　4　欠席

問題6 次の言葉の使い方として最もよいものを、1・2・3・4から一つ選びなさい。

28 余計

1 薬を飲んでさっきより余計に熱が下がったから、もう大丈夫だ。

2 よくわからなくて友達に聞いたら、余計にわからなくなった。

3 大切な時間を余計にしないように、計画を立てたほうがいい。

4 思ったよりパーティーの参加者が少なくて、料理の余計が出た。

29 あわい

1 眠くならないように、あわいコーヒーを飲みながら勉強しよう。

2 彼は性格があわくて、誰とも仲良くできない人だ。

3 この部屋は光があわくて、本が読めない。

4 彼女はあわいベージュのかばんを持っている。

30 差し支える

1 係員が差し支えているほうへ進んでください。

2 出勤したら、ここにカードを差し支えてください。

3 祖父は足が悪いので、いつも祖母が差し支えて歩く。

4 そんなにたくさんお酒を飲むと、明日の仕事に差し支えてしまうよ。

31 とっくに

1 試合がとっくに始まりますから、急ぎましょう。

2 とっくに行きたかったおしゃれな店に、今日初めて行ってみた。

3 私が知らないと思っていたの？　そんな嘘、とっくに気が付いていたよ。

4 チケットは発売開始から5分で売り切れたらしい。今から買いに行ってもとっくに遅いよ。

32 味方

1　最後に味方を確認して、薄かったら塩で調整してください。

2　いつも厳しい父が味方になって、野球選手になりたいという夢を応援してくれた。

3　市役所は駅から200m東の味方にあります。

4　10年ぶりに大学のクラブの味方が集まって楽しいひとときを過ごした。

第1回
第2回
第3回
第4回
第5回
第6回
第7回
第8回
第9回
第10回

第**3**回

正答数

32 問

解答時間のめやす

20 分

解答・解説 ──→ 別冊 **3-4** ページ

問題 1 ＿＿＿＿の言葉の読み方として最もよいものを、1・2・3・4から一つ選びなさい。

1 長期の<u>出張</u>で、1か月日本を離(はな)れることになった。

  1 しゅちょう   2 しゅうちょう   3 しっちょう   4 しゅっちょう

2 その有名な公園(こうえん)では<u>大勢</u>の花見客がさくらを楽しんでいた。

  1 たいせい   2 たいぜい   3 おおぜい   4 おおせい

3 他人の著作から文章を<u>引用</u>する場合は、それを明記しなければならない。

  1 ひきよう   2 ひきよん   3 いんよう   4 いんよん

4 コンビニやパソコンなどよく使う言葉は<u>略して</u>呼ぶことが多い。

  1 かくして   2 らくして   3 しゃくして   4 りゃくして

5 暴行事件で<u>逃亡</u>していた犯人は、3日後につかまった。

  1 とうぼう   2 とうもう   3 ちょうぼう   4 ちょうもう

問題2 ＿＿＿の言葉を漢字で書くとき、最もよいものを、1・2・3・4から一つ選びなさい。

6 弟は初対面の人でもせっきょくてきに声をかけ、すぐに仲良くなる。
　　1　積極的　　　　　2　積局的　　　　　3　責極的　　　　　4　責局的

7 学生時代に読んだ本が今の仕事へとみちびいてくれた。
　　1　用いて　　　　　2　導いて　　　　　3　強いて　　　　　4　招いて

8 先週近所であった火事のげんいんはまだ特定されていない。
　　1　元因　　　　　　2　原困　　　　　　3　原因　　　　　　4　元困

9 Ａ国のビザを取るためには、ふくざつな手続きが必要だ。
　　1　復雑　　　　　　2　福雑　　　　　　3　腹雑　　　　　　4　複雑

10 できるだけわかりやすい商品説明となるようつとめてまいります。
　　1　働めて　　　　　2　勤めて　　　　　3　努めて　　　　　4　務めて

問題3 （　　　　）に入れるのに最もよいものを、1・2・3・4から一つ選びなさい。

11 先着（　　　　）にチケットをお渡ししますので、列になってお待ちください。

1 番　　　　　2 順　　　　　3 先　　　　　4 序

12 ここに（　　　）許可で駐車したら、1万円払わなければなりません。

1 無　　　　　2 非　　　　　3 不　　　　　4 未

13 あの兄弟は、顔はよく似ているが性格は（　　　）反対だ。

1 正　　　　　2 真　　　　　3 異　　　　　4 別

14 昨日、10年（　　　）に高校の同級生に会った。

1 おき　　　　2 ごと　　　　3 ぶり　　　　4 たび

15 試験会場には筆記（　　　）と時計以外は持ち込まないこと。

1 品　　　　　2 用　　　　　3 物　　　　　4 具

問題4 （　　　）に入れるのに最もよいものを、1・2・3・4から一つ選びなさい。

16 わが国は（　　　）資源が不足しているので、外国から石油などを輸入している。
　　1　エネルギー　　　　2　ビタミン　　　　3　ワクチン　　　　4　アレルギー

17 最近睡眠不足だったが、昨日は久しぶりに（　　　）眠れた。
　　1　はっきり　　　　2　ぴったり　　　　3　ばったり　　　　4　ぐっすり

18 20キロ以上ある荷物を彼は（　　　）と持ち上げた。
　　1　重々　　　　　2　軽々　　　　　3　細々　　　　　4　深々

19 階段で足を（　　　）しまって、歩けないからタクシーで帰ってきた。
　　1　ひねって　　　2　まいて　　　　3　もんで　　　　4　どけて

20 オリンピックに向け、さまざまなスポーツでルールの（　　　）が発表された。
　　1　変換　　　　　2　変容　　　　　3　変更　　　　　4　変化

21 読書量に（　　　）して年収があがるというデータがある。
　　1　反応　　　　　2　応答　　　　　3　比較　　　　　4　比例

22 田中部長のアドバイスはいつも（　　　）で、わかりやすい。
　　1　手頃　　　　　2　快適　　　　　3　的中　　　　　4　的確

問題5　＿＿＿＿の言葉に意味が最も近いものを、1・2・3・4から一つ選びなさい。

23　今年のコンテストは立派なスピーチが多かった。

1　すばらしい　　　2　めずらしい　　　3　きちょうな　　　4　たいせつな

24　アルバイトに出かける前に、いったん家に帰るつもりだ。

1　急いで　　　　　2　直接　　　　　　3　すぐに　　　　　4　一度

25　この道は2つ目の信号を過ぎたところでカーブしている

1　分かれて　　　　2　交差して　　　　3　曲がって　　　　4　狭くなって

26　今回の事故では、多くのいのちが失われました。

1　生物　　　　　　2　生命　　　　　　3　人生　　　　　　4　生活

27　来年度からの新しいテストの出題方針が公表された。

1　検討された　　　　　　　　　　　　2　印刷された

3　明らかにされた　　　　　　　　　　4　議論された

問題6 次の言葉の使い方として最もよいものを、1・2・3・4から一つ選びなさい。

28 幾分

1 このケーキは大きいから、みんなで幾分して食べることにしよう。

2 彼の書く文章は面白いが、長すぎて幾分わかりづらいところがある。

3 私の仕事は船の幾分を製造することだ。

4 この会議は幾分までですか。このあと予定があるんですが……。

29 くどい

1 くどいようですが、あの店に行くのはやめておいたほうがいいですよ。

2 彼は何度試験に落ちても、がんばって勉強を続けるくどい性格だ。

3 小さい子どもにそんなくどいことをするなんて、彼は悪人だ。

4 今日はとても天気が悪くて、雷 がくどく鳴っていた。

30 まごまご

1 彼女は毎日まごまごと勉強を続け、合格した。

2 新しい布団はまごまごで、本当に気持ちがいい。

3 他の人の前で発表すると考えるだけでまごまごする。

4 突然スピーチをするように言われて、まごまごしてしまった。

31 ふもと

1 あの山のふもとにある大きな湖で、毎年花火大会が行われている。

2 子どものころ、庭の桜の木のふもとに宝物を埋めたのだが、今でもあるだろうか。

3 ペットボトルのふもとに何かごみのようなものがある。

4 雨が降っていたので、ズボンのふもとが汚れてしまった。

32 物騒

1 この道は学生が自転車でスピードを出すので物騒だ。

2 隣の部屋はいつも友達がたくさん遊びに来ていて物騒だ。

3 この辺りは最近事件が増えていて、以前より物騒になった。

4 洗濯機の調子が悪くて、がたがたと物騒で困っている。

第**4**回

正答数

32 問

解答時間のめやす

20 分

解答・解説 ────→ 別冊 4 ページ

問題1 ＿＿＿の言葉の読み方として最もよいものを、1・2・3・4から一つ選びなさい。

1 この周りにはガラスの<u>破片</u>が落ちているかもしれないので、注意する必要がある。

    1　はへん　　　　2　はぺん　　　　3　はがた　　　　4　はかた

2 新製品についてみなさんの<u>率直</u>なご意見をお聞かせいただきたいのですが。

    1　そつちょく　　2　そっちょく　　3　りつちょく　　4　りっちょく

3 会場に入るとき、大きな荷物は入り口で<u>預けて</u>からお入りください。

    1　うけて　　　　2　よけて　　　　3　とどけて　　　4　あずけて

4 父は定年で会社をやめてから、<u>登山</u>が趣味になった。

    1　とざん　　　　2　とうざん　　　3　とさん　　　　4　とうさん

5 想像力が<u>貧しい</u>人は、人の気持ちを思いやることが難しい。

    1　とぼしい　　　2　いやしい　　　3　まずしい　　　4　いちじるしい

問題 2 _____ の言葉を漢字で書くとき、最もよいものを、1・2・3・4から一つ選び
なさい。

6 京都は1年を通して多くの観光客が<u>おとずれる</u>。

1　伺れる　　　　2　訪れる　　　　3　参れる　　　　4　尋れる

7 最近<u>ひょうばん</u>になっている映画を見に行くことにした。

1　平番　　　　2　評判　　　　3　平判　　　　4　評番

8 私の兄は大学で<u>こうし</u>をしている。

1　講士　　　　2　構士　　　　3　講師　　　　4　構師

9 彼は川でおぼれている子どもを<u>すくって</u>、新聞にとりあげられた。

1　救って　　　　2　残って　　　　3　取って　　　　4　整って

10 彼女は土地の<u>ばいばい</u>で多額の利益（りえき）を得た。

1　買倍　　　　2　販売　　　　3　買配　　　　4　売買

問題3 （　　　）に入れるのに最もよいものを、1・2・3・4から一つ選びなさい。

11 昨日の試合で負け、私たちのチームは惜しくも（　　　）優勝だった。

1 次　　　　　　2 準　　　　　　3 副　　　　　　4 前

12 割引券は期限（　　　）になる前にご利用ください。

1 抜け　　　　　2 漏れ　　　　　3 欠け　　　　　4 切れ

13 私は夜は警備（　　　）のバイトをしながら俳優を目指している。

1 家　　　　　　2 士　　　　　　3 者　　　　　　4 員

14 教師「今からゴミ問題について（　　　）グループで話し合いましょう。」

1 諸　　　　　　2 各　　　　　　3 個　　　　　　4 総

15 彼は会社を辞める決心をして、部長に退職（　　　）を出した。

1 願　　　　　　2 証　　　　　　3 状　　　　　　4 書

問題4 （　　　）に入れるのに最もよいものを、1・2・3・4から一つ選びなさい。

16 取引先の担当者に（　　　）を取った。
　　1　ゼミ　　　　　　2　スト　　　　　　3　プロ　　　　　　4　アポ

17 私は（　　　）自分の行動を変える気はない。
　　1　まさか　　　　　2　せめて　　　　　3　あくまで　　　　4　せいぜい

18 最近の天気予報は全然（　　　）なあ。今日もはずれた。
　　1　通じない　　　　2　合わない　　　　3　当たらない　　　4　ぶつからない

19 この問題については、（　　　）に考えなければならない。
　　1　慎重（しんちょう）　2　強化（きょうか）　3　粗末（そまつ）　4　拡大（かくだい）

20 全国高校テニス大会で優勝した彼の、ますますの（　　　）が期待される。
　　1　活動（かつどう）　2　活気（かっき）　3　活発（かっぱつ）　4　活躍（かつやく）

21 健康（けんこう）のために、バランスの良い食事と（　　　）運動を心がけましょう。
　　1　質素（しっそ）な　2　適度（てきど）な　3　良好（りょうこう）な　4　好調（こうちょう）な

22 今日の昼食はパスタを（　　　）食べた。
　　1　ゆでて　　　　　2　ぬって　　　　　3　ゆるめて　　　　4　すすいで

問題5 _____の言葉に意味が最も近いものを、1・2・3・4から一つ選びなさい。

23 今回の引越しでは、書物が多くて大変だった。

　　1　本　　　　　　　2　書類　　　　　　3　手紙　　　　　4　ノート

24 老後は夫婦でのんびりと田舎（いなか）で暮らしたい。

　　1　地味に　　　　　2　しばらく　　　　3　ゆっくり　　　4　一緒に

25 今回のプレゼンは時間があまりないので、難しい説明は省いたほうがいい。

　　1　反省（はんせい）した　　2　繰り返（く　かえ）した　　3　覚（おぼ）えた　　4　除（のぞ）いた

26 （イベントで）

　　「体調が悪くなったら、直ちに係員までお知らせください。」

　　1　こっそり　　　　2　すぐに　　　　　3　直接　　　　　4　確実に

27 スーツケースに余裕（よ　ゆう）がある。

　　1　お金　　　　　　2　スペース　　　　3　タイヤ　　　　4　傷（きず）

問題6 次の言葉の使い方として最もよいものを、1・2・3・4から一つ選びなさい。

28 平気

1 そんなに緊張しないで、平気で話してください。

2 平気を出して戦ったのだから、負けてもしょうがない。

3 子どものころ、私は虫でもヘビでも平気だった。

4 問題が起きたときこそ、平気に判断することが重要だ。

29 真剣

1 将来のことを真剣に考えて仕事を選んだほうがいいよ。

2 彼は真剣な性格で、どんなことでも一生懸命にする。

3 この包丁は真剣だから気をつけて扱ってください。

4 市の博物館で今週から真剣な宝物がたくさん展示されている。

30 うっかり

1 うっかりして財布を家に忘れてきちゃった。

2 もううっかり暗くなってしまったよ。早く帰ろう。

3 田中さんはうっかりしているので、どんな仕事でも安心して頼める。

4 地震のときは、うっかりした建物の中に逃げてください。

31 まぶしい

1 歴史好きの小川さんはこの寺の歴史についてもまぶしい。

2 暗くて字が読みにくいので、電気をつけてまぶしくした。

3 彼女はプロの世界で活躍し、数々のまぶしい結果を残した。

4 今日は本当にいい天気で、日差しがまぶしい。

32 注目

1 新しいアイデアを出すためには、新しい注目から見ることが大切だ。

2 その花のあまりの美しさに、時がたつのも忘れるほど注目してしまった。

3 16歳でオリンピック出場を決めた彼女に、みんなが注目している。

4 私はいつも小さなミスをして、注目が足りないと言われてしまう。

第1回
第2回
第3回
第4回
第5回
第6回
第7回
第8回
第9回
第10回

第**5**回

正答数

32 問

解答時間のめやす

20

分

解答・解説 ⟶ 別冊 4–5 ページ

問題 1 ＿＿＿の言葉の読み方として最もよいものを、1・2・3・4から一つ選びなさい。

1 警察は第一発見者の彼が犯人ではないかと疑っているようだ。

　　1　おっている　　　2　こっている　　　3　せまっている　　　4　うたがっている

2 入社から1か月が過ぎ、やっと新しい職場に慣れてきた。

　　1　しきば　　　　　2　しきじょう　　　3　しょくば　　　　　4　しょくじょう

3 長い休みのときは、地元に帰って友達に会うのを楽しみにしている。

　　1　じもと　　　　　2　ちもと　　　　　3　じげん　　　　　　4　ちげん

4 これは水をきれいにする装置です。

　　1　そち　　　　　　2　そうち　　　　　3　しょち　　　　　　4　しょうち

5 アルバイトの応募書類は返却しませんので、ご注意ください。

　　1　へんきょ　　　　2　へんきゃ　　　　3　へんきょく　　　　4　へんきゃく

問題2 ＿＿＿の言葉を漢字で書くとき、最もよいものを、1・2・3・4から一つ選びなさい。

6 仕事ののうりつを上げるためには、適度な休憩_{きゅうけい}を取ることが重要だ。

1　能率　　　　　2　能卒　　　　　3　態率　　　　　4　態卒

7 彼は国の代表として、この大会ですぐれた成績をおさめた。

1　栄れた　　　　2　選れた　　　　3　優れた　　　　4　勇れた

8 母にひどいことを言ってしまって、はんせいしている。

1　半省　　　　　2　半生　　　　　3　反省　　　　　4　反生

9 いくら仕事ができても、会社のほうしんに従わない者は評価されないことがある。

1　放信　　　　　2　方針　　　　　3　法真　　　　　4　報進

10 重いものを持って、こしを痛めてしまった。

1　腰　　　　　　2　肩　　　　　　3　腹　　　　　　4　腕

問題3（　　　）に入れるのに最もよいものを、1・2・3・4から一つ選びなさい。

11 面接では、相手に（　　　）印象を与えることが大切だ。

1　高　　　　　　　2　好　　　　　　　3　優　　　　　　　4　上

12 自宅から会社までの交通（　　　）は会社が払うことになっています。

1　財_{ざい}　　　　　　2　料_{りょう}　　　　　　3　賃_{ちん}　　　　　　4　費_ひ

13 夜になるとこの辺りは人気_{ひとけ}もないし、なんとなく（　　　）気味だ。

1　不　　　　　　　2　有　　　　　　　3　悪　　　　　　　4　暗

14 アルバイトをしていた会社で、来月から（　　　）社員として働くことになった。

1　本　　　　　　　2　真　　　　　　　3　正　　　　　　　4　実

15 面接（　　　）の顔を見た瞬間_{しゅんかん}、頭が真っ白になってうまく答えられなかった。

1　長_{ちょう}　　　　　　2　人_{じん}　　　　　　3　官_{かん}　　　　　　4　士_し

第1回
第2回
第3回
第4回
第5回
第6回
第7回
第8回
第9回
第10回

問題3（　　　）に入れるのに最もよいものを、1・2・3・4から一つ選びなさい。

11 面接では、相手に（　　　）印象を与えることが大切だ。

1　高　　　　　　　2　好　　　　　　　3　優　　　　　　　4　上

12 自宅から会社までの交通（　　　）は会社が払うことになっています。

1　財（ざい）　　　　　2　料（りょう）　　　　3　賃（ちん）　　　　4　費（ひ）

13 夜になるとこの辺りは人気（ひとけ）もないし、なんとなく（　　　）気味だ。

1　不　　　　　　　2　有　　　　　　　3　悪　　　　　　　4　暗

14 アルバイトをしていた会社で、来月から（　　　）社員として働くことになった。

1　本　　　　　　　2　真　　　　　　　3　正　　　　　　　4　実

15 面接（　　　）の顔を見た瞬間（しゅんかん）、頭が真っ白になってうまく答えられなかった。

1　長（ちょう）　　　　2　人（じん）　　　　3　官（かん）　　　　4　士（し）

第1回
第2回
第3回
第4回
第5回
第6回
第7回
第8回
第9回
第10回

問題4 （　　　　）に入れるのに最もよいものを、1・2・3・4から一つ選びなさい。

16 関東と関西では同じ言葉でも（　　　　）がかなり違うことがある。

1　パターン　　　　2　アクセント　　　3　サイン　　　　4　シリーズ

17 レポートが（　　　　）ならないようにホッチキスで止めておいた。

1　ばらばらに　　　2　ひらひらに　　　3　ふらふらに　　　4　ぺらぺらに

18 野菜が嫌いな子どもでも、細かく（　　　　）スープに入れると食べられる。

1　けずって　　　　2　しぼって　　　　3　きざんで　　　　4　こすって

19 彼は人の悪口や仕事の（　　　　）を一切言わないので皆から尊敬されている。

1　勝手　　　　　　2　非難　　　　　　3　愚痴　　　　　　4　誤解

20 最近のスマートフォンはいろいろな（　　　　）がありすぎて、私には難しい。

1　機能　　　　　　2　効能　　　　　　3　可能　　　　　　4　才能

21 首相が新たな取り組みにおける決意を（　　　　）した。

1　解決　　　　　　2　表明　　　　　　3　解消　　　　　　4　表現

22 合宿について、いつ、どこに集まるかなど（　　　　）なことは、来週お知らせします。

1　消極的　　　　　2　抽象的　　　　　3　積極的　　　　　4　具体的

問題5 _____の言葉に意味が最も近いものを、1・2・3・4から一つ選びなさい。

23 たくさんあった夏休みの宿題がほぼ終わった。

 1 だいたい　　　2 ちょうど　　　3 すっかり　　　4 やっと

24 トイレは常に清潔にしておきたい。

 1 あかるく　　　2 あたたかく　　　3 きれいに　　　4 おしゃれに

25 学校の隣にあるあの家はいつも留守のようだ。

 1 誰かいる　　　2 誰もいない　　　3 誰か来る　　　4 誰も来ない

26 あのときどうして彼女が泣いたのか、あとから事情を聞いて納得した。

 1 評価した　　　2 考えた　　　3 わかった　　　4 想像した

27 （電話で）

 「担当者とかわりますので少々お待ちください。」

 1 社員　　　2 部員　　　3 教師　　　4 係の人

第1回
第2回
第3回
第4回
第5回
第6回
第7回
第8回
第9回
第10回

問題6 次の言葉の使い方として最もよいものを、1・2・3・4から一つ選びなさい。

28 せっせと

1 父はもう10年もせっせとテニスをしている。

2 せっせとバイト代を貯めて新しいバイクを買った。

3 試合ではあきらめずにせっせと戦うつもりだ。

4 今日はせっせと試験を受けたので、明日はゆっくりしよう。

29 うろうろ

1 熱が出たせいか、頭がうろうろする。

2 道がわからず駅の周りをうろうろしていたら、交番を見つけた。

3 あの映画を見たとき、感動で目がうろうろした。

4 明日から夏休みだと考えただけでうろうろしてくる。

30 はずす

1 この作品は触ってもいいですが、触るときは、指輪や腕時計ははずしてください。

2 あの2匹の猿（さる）は仲が良く、互いに体についているゴミや虫をはずしている。

3 店員は食事が終わったお皿をテーブルからはずした。

4 母に玄関（げんかん）で靴の汚れをよくはずしてから家に入るように言われた。

31 工夫

1 明日は大事な試験だから、今日は一日中工夫ばかりしていた。

2 森本（もりもと）さんは何年も工夫して、ラグビーの日本代表に選ばれた。

3 いつも日本にある食材で工夫しながら、自分の国の料理を作っている。

4 京都に住んでいる彼女の工夫は去年から東京で働いている。

32 みっともない

1 私は細かい作業はみっともないので、得意な人に任せよう。

2 兄は本当にきれい好きで、部屋には要らない物がみっともない。

3 あと1分というみっともないところで、点を入れられて負けた。

4 子どもの前では、父親としてみっともないところは見せられない。

第**6**回

正答数

32 問

解答時間のめやす

20

分

解答・解説 ——→ 別冊 5–6 ページ

問題1 _____の言葉の読み方として最もよいものを、1・2・3・4から一つ選びなさい。

1 テーブルに置いておいたあのマンガ、どうして隠したの？

    1 かえした   2 わたした   3 もどした   4 かくした

2 大統領（だいとうりょう）の昨日のテレビでの発言は国民を失望させた。

    1 しっぽう   2 しつぼう   3 しっぼう   4 しつぽう

3 道路拡張工事のため、この通りは5月末まで通行止めです。

    1 こうちょう   2 ごうちょう   3 かくちょう   4 がくちょう

4 友達に手伝ってもらい、トラック1台に荷物を積んで引っ越した。

    1 つんで   2 こんで   3 はこんで   4 たたんで

5 今朝、何でもない平らな道でころんでしまった。

    1 へいらな   2 たいらな   3 ひょうらな   4 びょうらな

問題2 ＿＿＿の言葉を漢字で書くとき、最もよいものを、1・2・3・4から一つ選びなさい。

6 大会期間中、選手は 22 時以降の外出を<u>ゆるされて</u>いない。

1 許されて 　　　 2 可されて 　　　 3 認されて 　　　 4 確されて

7 外出するとき自転車を使うことで、交通費が<u>せつやく</u>できる。

1 切役 　　　 2 切約 　　　 3 節役 　　　 4 節約

8 急いでいるのにパソコンの<u>どうさ</u>が遅くて困った。

1 動査 　　　 2 動作 　　　 3 働査 　　　 4 働作

9 古くからあるこの建物は、よく見ると少し<u>かたむいて</u>いる。

1 到いて 　　　 2 傾いて 　　　 3 頃いて 　　　 4 倒いて

10 我が家のお金の<u>かんり</u>は妻がやってくれている。

1 菅理 　　　 2 菅里 　　　 3 管里 　　　 4 管理

問題3 （　　　）に入れるのに最もよいものを、1・2・3・4から一つ選びなさい。

11 このゲームは子ども（　　　）ですね。私は面白くなかったです。

　　1　寄り　　　　　　2　向き　　　　　　3　気味　　　　　　4　専門

12 （　　　）事情により、X社の製品は販売停止となった。

　　1　急　　　　　　　2　再　　　　　　　3　数　　　　　　　4　諸

13 今住んでいる街は（　　　）高層ビルが立ち並ぶ大都会だ。

　　1　巨　　　　　　　2　超　　　　　　　3　最　　　　　　　4　大

14 今はあまり食べないが、子どものころはどんなに食べても満足（　　　）が得られなかった。

　　1　感　　　　　　　2　性　　　　　　　3　量　　　　　　　4　位

15 （美容室のドアに）
　　当店は完全予約（　　　）です。

　　1　風　　　　　　　2　法　　　　　　　3　制　　　　　　　4　用

第1回　第2回　第3回　第4回　第5回　第6回　第7回　第8回　第9回　第10回

問題4 （　　　）に入れるのに最もよいものを、1・2・3・4から一つ選びなさい。

16 今は台風の（　　　）だから、飛行機を使う旅行はやめたほうがいいかもしれないね。

1　シーン　　　　　2　シリーズ　　　　3　ジーンズ　　　　4　シーズン

17 悩みを友達に聞いてもらったら、なぜか気持ちが（　　　）した。

1　くっきり　　　　2　すっきり　　　　3　うっかり　　　　4　ぎっしり

18 一人暮らしでも、栄養が（　　　）ようにすることが健康の第一歩です。

1　とれない　　　　2　はずれない　　　3　いたまない　　　4　かたよらない

19 パソコンを買い換えた際、いい（　　　）だと思って昔のメールを消した。

1　機会　　　　　　2　時代　　　　　　3　期限　　　　　　4　基準

20 人にも動物にも生きる（　　　）がある。

1　効果　　　　　　2　利益　　　　　　3　権利　　　　　　4　効用

21 たくさん愛情を受けた子どもほど（　　　）が早くなると言う人もいる。

1　成長　　　　　　2　発展　　　　　　3　上昇　　　　　　4　拡大

22 忙しいときは、食事をとる時間も（　　　）と思う。

1　のろい　　　　　2　おしい　　　　　3　あわい　　　　　4　しつこい

問題5 _____の言葉に意味が最も近いものを、1・2・3・4から一つ選びなさい。

[23] 弟はいつも<u>勝手な</u>ことばかり言って、周りを困らせていた。

1　わがままな　　　2　危険な　　　　　3　失礼な　　　　　4　めんどうな

[24] みなさん、何かいい<u>アイデア</u>はありませんか。

1　型
（かた）　　　2　種
（たね）　　　　3　案
（あん）　　　　4　順
（じゅん）

[25] 来週はテストがありますから、<u>その日</u>の午後の授業はありません。

1　本日　　　　　　2　当日　　　　　　3　翌日　　　　　　4　平日

[26] あの選手は、<u>引退する</u>までずっとチームの一番の人気者だった。

1　負ける　　　　　2　けがをする　　　3　帰国する　　　　4　辞める

[27] 旅行計画は<u>一応</u>（いちおう）決めておいたほうがいいと思う。

1　一度　　　　　　2　多めに　　　　　3　ちゃんと　　　　4　とりあえず

問題6 次の言葉の使い方として最もよいものを、1・2・3・4から一つ選びなさい。

28 合図
1 コーチの合図で、みんな一斉（いっせい）に走り出した。
2 母はお礼を言うときや謝（あやま）るときなど、よく頭を下げる合図をする。
3 家のカレンダーには、大切な用事を忘れないように合図が書いてある。
4 大きな地震の前には、鳥たちが急に飛び立つなど、前に合図があるそうだ。

29 手入れ
1 パソコンが故障（こしょう）したので、店の人に手入れしてもらえるか聞いてみた。
2 友達がコンタクトレンズを落としてしまったので、みんなで手入れして探した。
3 娘は3歳下の妹が生まれてから、大人のまねをしてよく妹の手入れをしている。
4 この庭は100年前に造られたが、よく手入れされていて今も美しい。

30 恐れる
1 あの先生はすぐに恐れるので、学校で一番厳（きび）しいと言われている。
2 人前（ひとまえ）に立つと、恐れて足がふるえてしまうことがある。
3 失敗を恐れないで、何にでもチャレンジしてみよう。
4 雨を恐れているので、明日のキャンプは中止にしたいと思う。

31 関心
1 あの人は意地悪だから、あまり関心したくない。
2 政治に関心があるので、将来は政治家になりたいと思っている。
3 あの子はいつもお年寄りにやさしいので、関心だ。
4 子どもたちがけがをしないように、細かいところにまで関心をするようにしている。

32 あわただしい
1 時間がないので、あわただしく準備してください。
2 事故でもあったのか、駅員があわただしく動いている。
3 今月は会議があわただしいのですが、来月なら時間が取れると思います。
4 トラブルがあわただしいときは、互いに助け合いましょう。

第 **7** 回

正答数

	32 問

解答時間のめやす

20	
	分

解答・解説 ——→ 別冊 6 ページ

問題1 _____の言葉の読み方として最もよいものを、1・2・3・4から一つ選びなさい。

[1] 説明書をよく読んで、操作方法を確認してから使ったほうがいい。

    1　そさく　　　　　2　そうさ　　　　　3　そうさく　　　　4　そっさく

[2] 本社に連絡して、在庫の有無を確認してください。

    1　うむ　　　　　　2　ゆうむ　　　　　3　うぶ　　　　　　4　ゆうぶ

[3] 午後、親戚の家を訪ねることになっていたが、急用で行けなくなってしまった。

    1　かさねる　　　　2　たばねる　　　　3　ほうねる　　　　4　たずねる

[4] また、改めてごあいさつに伺います。

    1　まとめて　　　　2　ふくめて　　　　3　あらためて　　　　4　たしかめて

[5] 彼の主張は事実とは異なっていた。

    1　しゅちょう　　2　しゅっちょう　　3　しょうちょう　　4　しゅうちょう

問題2 ＿＿＿の言葉を漢字で書くとき、最もよいものを、1・2・3・4から一つ選びなさい。

6 テストのけっかは5月中に発表します。
　　1　成果　　　　　2　成功　　　　　3　結果　　　　　4　結論

7 この問題をとくのに30分もかかってしまった。
　　1　空く　　　　　2　向く　　　　　3　効く　　　　　4　解く

8 大学時代の友人から結婚式にしょうたいされた。
　　1　招待　　　　　2　紹待　　　　　3　紹介　　　　　4　招介

9 天気予報がはずれて、大雨になった。
　　1　外れて　　　　2　違れて　　　　3　逃れて　　　　4　破れて

10 集まったきふ金で、予定どおり、公園に花が植えられました。
　　1　切付　　　　　2　寄付　　　　　3　切符　　　　　4　寄符

問題3 （　　　）に入れるのに最もよいものを、1・2・3・4から一つ選びなさい。

11 この店のランチは、すべてデザート（　　　）で 1,000 円です。

1 付き　　　　　2 包み　　　　　3 入り　　　　　4 加え

12 子どもの教育は、学校だけでなく家庭（　　　）でも大切だ。

1 中　　　　　　2 下　　　　　　3 他　　　　　　4 内

13 火災が起きた原因は（　　　）時点では明らかにされていない。

1 本　　　　　　2 生　　　　　　3 当　　　　　　4 現

14 このアニメは作者の都合により、（　　　）完成に終わった。

1 不　　　　　　2 非　　　　　　3 未　　　　　　4 無

15 田中さんの話は説得（　　　）がある。

1 力　　　　　　2 能　　　　　　3 風　　　　　　4 考

問題4 （　　　）に入れるのに最もよいものを、1・2・3・4から一つ選びなさい。

16 栄養の（　　　）をとるために、肉ばかり食べないようにしています。

   1　プラス　　　　　2　タイプ　　　　　3　グループ　　　　4　バランス

17 雪は屋根や車の上にも（　　　）積もった。

   1　うっすら　　　　2　ぴったり　　　　3　からっと　　　　4　ずらっと

18 走り終えた選手はとても疲れた様子で（　　　）まま動かなかった。

   1　ふざけた　　　　2　おどかした　　　　3　しゃがんだ　　　　4　ささやいた

19 映画をいろいろ見てきたが、どの国の映画も食事の（　　　）はおいしそうに見える。

   1　座席　　　　　　2　場面　　　　　　3　景色　　　　　　4　名所

20 法律を（　　　）するためには、長い時間がかかる。

   1　改善　　　　　　2　改革　　　　　　3　改良　　　　　　4　改正

21 あの工場では車の部品を（　　　）している。

   1　生産　　　　　　2　出産　　　　　　3　発行　　　　　　4　発生

22 家族同様に暮らしていた犬がいなくなって、しばらくは毎日（　　　）泣いていた。

   1　にくくて　　　　2　くどくて　　　　3　つらくて　　　　4　はげしくて

問題 5　＿＿＿の言葉に意味が最も近いものを、1・2・3・4から一つ選びなさい。

23 部長が私のかわりに、Ａ社の上田さんに頭をさげてくださった。

1　はなして　　　2　あいさつして　　3　あやまって　　　4　声をかけて

24 恥ずかしくて、つい嘘を言ってしまった。

1　わざと　　　　2　また　　　　　　3　常に　　　　　　4　思わず

25 スマホの使い方をマスターするのは難しい。

1　教える　　　　2　説明する　　　　3　身につける　　　4　指示する

26 彼女はクラスの中でもおんこうな性格だと思う。

1　おだやかな　　2　わがままな　　　3　いじわるな　　　4　まじめな

27 この本の内容はとてもユニークだ。

1　複雑　　　　　2　独特　　　　　　3　困難　　　　　　4　単純

問題6 次の言葉の使い方として最もよいものを、1・2・3・4から一つ選びなさい。

28 加減

1 子どもが相手なので、力を加減しながらテニスをした。

2 黒い雲が加減してきたから、もうすぐ雨が降るかもしれない。

3 リーダーにはみんなの意見を加減する力が必要だ。

4 遅刻したせいで、今月のバイト代が加減されてしまった。

29 やかましい

1 彼はやかましくて、いつも何か忘れ物をしている。

2 いつもはよくしゃべる妹だが、知らない人がいるとやかましくなる。

3 隣のマンションで工事が始まって、窓を開けるとやかましい。

4 初めて聞く曲だが、なんだか昔聞いたことがあるようなやかましい感じがする。

30 整う

1 あのレストランは人気店で、いつも店の前に長い行列が整っている。

2 今井さんは整った性格で、どんなに疲れていても毎日掃除をするそうだ。

3 準備はすべて整った。あとは出発の日を待つばかりだ。

4 故障していた車がようやく整って、昨日から乗れるようになった。

31 たいした

1 勉強を始めてまだ3か月なのに、試験に合格するなんてたいしたものだ。

2 彼はラグビーをやっていたおかげで、体が人よりもたいした人だ。

3 世界一高いこの建物よりたいしたものはない。

4 たいした風が吹いても、このテントは問題ありません。

32 気楽

1 疲れたとき、このいすに座ると気楽になる。

2 明日のコンサートがとても気楽で、今晩寝られそうもない。

3 暑いときに冷たいシャワーを浴びるのは気楽なものだ。

4 歳をとったら仕事をしないで気楽に旅行などしてみたいものだ。

第**8**回

正答数

32 問

解答時間のめやす

20

分

解答・解説 ⟶ 別冊 6−7 ページ

問題1 _____ の言葉の読み方として最もよいものを、1・2・3・4から一つ選びなさい。

1 写真のデータをすべて移した。

    1 かした   2 けした   3 うつした   4 わたした

2 彼は会社のルールに違反し、厳しい処分を受けた。

    1 しょぶん   2 しょふん   3 しょうぶん   4 しょうふん

3 高校のときの先生の本が、来月出版されることになったそうだ。

    1 しゅうばん   2 しゅっばん   3 しゅうぱん   4 しゅっぱん

4 最近多忙のため、睡眠時間が十分にとれていない。

    1 おおぼう   2 おおもう   3 たぼう   4 たもう

5 この川は3つの県を通って、海に注いでいる。

    1 ついで   2 およいで   3 あおいで   4 そそいで

問題2 ＿＿＿の言葉を漢字で書くとき、最もよいものを、1・2・3・4から一つ選びなさい。

6 今回のプロジェクトで青山さんは重要な役割を<u>はたした</u>。

1 任たした 　　　 2 担たした 　　　 3 起たした 　　　 4 果たした

7 来週、社長のお宅を<u>ほうもん</u>することになった。

1 訪問 　　　 2 訪門 　　　 3 放問 　　　 4 放門

8 なぜこの事実を彼が知っているのか、そこにいた全員が<u>ふしぎ</u>に思った。

1 不思疑 　　　 2 不思擬 　　　 3 不思義 　　　 4 不思議

9 来週の期末テストは以下の<u>きじゅん</u>で採点します。

1 記順 　　　 2 規順 　　　 3 基準 　　　 4 期準

10 私たちが今夜<u>しゅくはく</u>するホテルは、駅前の便利なところにある。

1 縮泊 　　　 2 宿泊 　　　 3 縮拍 　　　 4 宿拍

問題3（　　　　）に入れるのに最もよいものを、1・2・3・4から一つ選びなさい。

11 仕事は優先（　　　　）が高い順に処理して行ったほうがいい。

1　度　　　　　　　2　系　　　　　　　3　率　　　　　　　4　心

12 あの有名な曲を（　　　　）演奏で聞けるなんて、こんなにうれしいことはない。

1　当　　　　　　　2　本　　　　　　　3　正　　　　　　　4　生

13 最近、スマートフォンの普及によって、若者のテレビ（　　　　）が進んでいるらしい。

1　離れ　　　　　　2　別れ　　　　　　3　逃げ　　　　　　4　外れ

14 海外に荷物を送る際の手数（　　　　）についてはホームページをご覧ください。

1　金　　　　　　　2　費　　　　　　　3　賃　　　　　　　4　料

15 防犯カメラに映っていた男は背が低くて（　　　　）太りだったという。

1　薄　　　　　　　2　小　　　　　　　3　少　　　　　　　4　軽

問題 4 （　　　　）に入れるのに最もよいものを、1・2・3・4から一つ選びなさい。

16 準備がしっかりできていたので、会議は予定よりも（　　　）に進んだ。
　　1　スロー　　　　　2　ソフト　　　　　3　スムーズ　　　　4　オーバー

17 出かける用意の遅い妹を、父は（　　　）しながら待っていた。
　　1　いらいら　　　2　いそいそ　　　3　のろのろ　　　4　ふらふら

18 机の上が（　　　）いて、書類が見つからない。
　　1　折れて　　　　2　混ざって　　　3　汚れて　　　　4　散らかって

19 若いうちは勉強や仕事に（　　　）したほうがいいと言われた。
　　1　専用_{せんよう}　　　2　専念_{せんねん}　　　3　専攻_{せんこう}　　　4　専門_{せんもん}

20 妻が作るカレーは本当においしい。彼女はカレー作りの（　　　）だ。
　　1　名人　　　　　2　作家　　　　　3　恋人　　　　　4　長者

21 （ニュース番組で）
　　「事故の現場と（　　　）がつながっています。中井_{なかい}さん、レポートをお願いします。」
　　1　公開　　　　　2　撮影　　　　　3　中継　　　　　4　接続

22 母は（　　　）ので、よく塩と砂糖を間違えたりお皿を割ったりする。
　　1　そうぞうしい　2　にくらしい　　　3　そそっかしい　　4　わかわかしい

問題5 _____の言葉に意味が最も近いものを、1・2・3・4から一つ選びなさい。

23 私の祖母は、現在アメリカに住んでいる。
1 実は　　　　　2 すでに　　　　　3 今　　　　　4 実際に

24 君の成績なら行きたい大学に合格する可能性はおおいにある。
1 たぶん　　　　2 おおぜい　　　　3 いくらか　　　　4 じゅうぶん

25 昨日のことはもう一度、山下さんにきちんとわびるべきだと思う。
1 謝る　　　　　2 話す　　　　　3 感謝する　　　　4 説明する

26 名前を呼ばれた方は舞台に上がってください。
1 センター　　　2 コーナー　　　3 ステージ　　　4 スタンド

27 兄は母に似て、短気だ。
1 飽きっぽい　　2 怒りっぽい　　3 よく泣く　　　4 よく笑う

第1回 第2回 第3回 第4回 第5回 第6回 第7回 第8回 第9回 第10回

問題6 次の言葉の使い方として最もよいものを、1・2・3・4から一つ選びなさい。

28 覚悟（かくご）

1 怒られるのは覚悟（かくご）の上で、先生に本当のことを話そうと思う。

2 私は自分がわがままであることを覚悟（かくご）している。

3 約束の10分前には行くように覚悟（かくご）しているので、今まで遅刻したことはない。

4 3歳の子どもが世界の国名を全て覚えているなんて、すごい覚悟（かくご）だ。

29 ちょっとした

1 ちょっとした少しでも、お小遣い（こづかい）が上がるのはうれしいものだ。

2 相談したいことがあるので、ちょっとした時間をいただけませんか。

3 ちょっとした工夫で、スマートフォンでも味のあるいい写真を撮（と）ることができる。

4 家からちょっとした近くに映画館があって、週末にはよく見に行った。

30 目安

1 新しい生活に必要な費用の目安を立てておく。

2 彼女は後輩（こうはい）や部下など目安の人にも丁寧（ていねい）な言葉を使う。

3 母は最近、目安になってしまいめがねを買ったそうだ。

4 ケーキ作りは材料の分量が大切ですから、しっかり目安を確認してください。

31 ずうずうしい

1 風邪（かぜ）でのどが痛いとき、この薬を飲むとずうずうしくなる。

2 このシャツはずうずうしくて、夏にはちょうどいい。

3 今日知り合ったばかりなのに、勝手に人の家に入るとはずうずうしいやつだ。

4 あの人の声はずうずうしいから、遠くにいてもよく聞こえる。

32 盛（さか）ん

1 駅前の食堂は一人前でも盛（さか）んで、食べきれないそうだ。

2 故郷（ふるさと）は漁業が盛（さか）んな町で、いつでもおいしい魚が食べられる。

3 彼は子どものころ、盛（さか）んでよく友達をいじめていた。

4 近所のうどん屋は、最近できたばかりだが盛（さか）んらしい。

第**9**回

正答数

32 問

解答時間のめやす

20

分

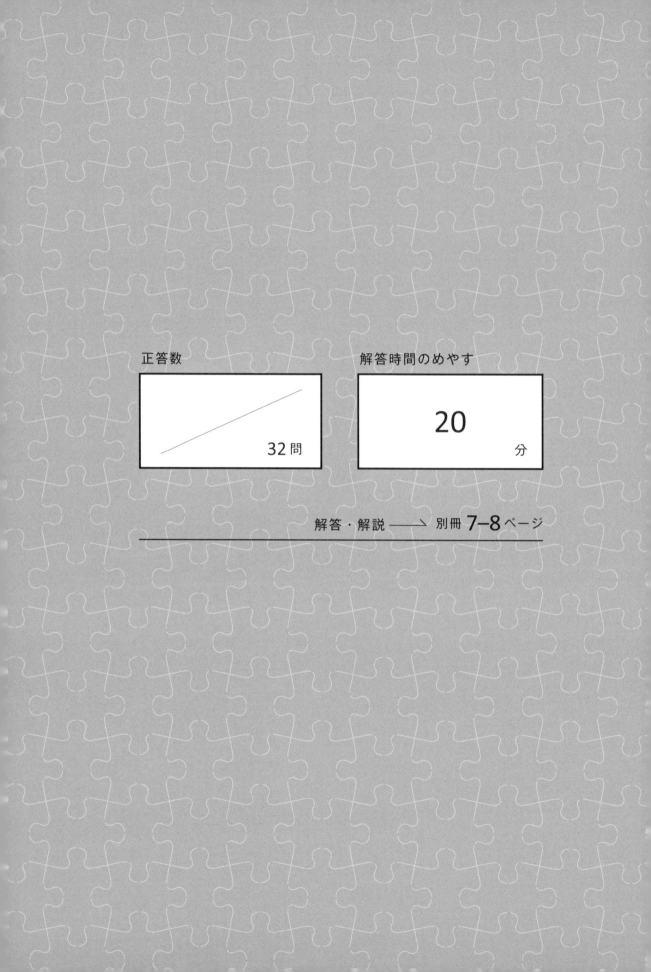

解答・解説 ⟶ 別冊 7-8 ページ

問題1　＿＿＿＿の言葉の読み方として最もよいものを、1・2・3・4から一つ選びなさい。

1　彼は子どものころからピアノを習い続けていて、音楽の知識が豊富だ。

　　1　ししき　　　　　2　ちしき　　　　　3　ししょく　　　　4　ちしょく

2　今月は学校の行事がたくさんある。

　　1　ぎょうじ　　　　2　こうじ　　　　　3　ぎょうし　　　　4　こうし

3　江戸時代に埋められたものが発見された。

　　1　うめられた　　　2　そめられた　　　3　おさめられた　　4　かためられた

4　日本人で一番多い名字は「佐藤」ですか。「鈴木」ですか。

　　1　めいじ　　　　　2　みょうじ　　　　3　みんじ　　　　　4　みゅうじ

5　彼の言うことは全くその通りで、誰も反論できない。

　　1　すごく　　　　　2　とにかく　　　　3　まったく　　　　4　なるべく

問題2 ＿＿＿の言葉を漢字で書くとき、最もよいものを、1・2・3・4から一つ選びなさい。

6 3歳でお母さんのお手伝いができるなんてえらいね。

1 違い　　　　　2 偉い　　　　　3 衛い　　　　　4 韋い

7 テロの影響で、空港での荷物のけんさが厳しくなった。

1 験査　　　　　2 険査　　　　　3 検査　　　　　4 倹査

8 あしたの運動会には弁当をじさんしてください。

1 持産　　　　　2 自産　　　　　3 持参　　　　　4 自参

9 水道管が壊れたのか、道路にいきおいよく流れ出ている。

1 勢い　　　　　2 荒い　　　　　3 争い　　　　　4 鋭い

10 この大会は8チームで速さをきそう。

1 補う　　　　　2 追う　　　　　3 戦う　　　　　4 競う

問題3 （　　　）に入れるのに最もよいものを、1・2・3・4から一つ選びなさい。

11 2020年度は、（　　　）年度と比べて観光客が大きく減った。

1　上　　　　　　2　元　　　　　　3　古　　　　　　4　前

12 A社の製品は丈夫で（　　　）持ちするのでよく売れている。

1　長　　　　　　2　久　　　　　　3　良　　　　　　4　超

13 お土産を送ったおばから、お礼（　　　）が送られてきました。

1　便　　　　　　2　紙　　　　　　3　状　　　　　　4　信

14 有名な歌手が突然来店したので、店は（　　　）騒ぎになった。

1　急　　　　　　2　大　　　　　　3　重　　　　　　4　最

15 ブログで人気の犬の写真（　　　）がよく売れている。

1　部　　　　　　2　団　　　　　　3　集　　　　　　4　冊

第1回
第2回
第3回
第4回
第5回
第6回
第7回
第8回
第9回
第10回

問題4 （　　　）に入れるのに最もよいものを、1・2・3・4から一つ選びなさい。

16 風邪（かぜ）をひいてしまったので、旅行の予定を（　　　）しなければならなかった。

    1　ダウン　　　　　　2　リサイクル　　　3　スペース　　　　4　キャンセル

17 久しぶりに髪の毛を切ったら（　　　）した。

    1　さっぱり　　　2　びっしり　　　　3　ゆったり　　　　4　きっかり

18 85歳の祖母は小学校で戦争の体験を（　　　）活動をしている。

    1　申す　　　　　　2　物言う　　　　　3　語る　　　　　　4　申し込む

19 明日のテニスの試合は、日頃の力が（　　　）できれば、勝てるだろう。

    1　発揮（はっき）　　　2　発明（はつめい）　　　3　発行（はっこう）　　　4　発生（はっせい）

20 社長が代わったとたん、彼は京都支社の営業部長に（　　　）した。

    1　進出　　　　　　2　上昇　　　　　　3　転送　　　　　　4　昇進

21 長い時間座っていたので、足が（　　　）しまった。

    1　くさって　　　2　しびれて　　　　3　われて　　　　　4　ちぎれて

22 パソコンの（　　　）が悪くて、インターネットにつながらない。

    1　送信（そうしん）　　　2　寿命（じゅみょう）　　　3　調子（ちょうし）　　　4　故障（こしょう）

問題5　＿＿＿＿の言葉に意味が最も近いものを、1・2・3・4から一つ選びなさい。

23 たまたま入ったお店で友達と会った。
　　1　さっき　　　　2　ひとまず　　　3　偶然　　　　4　久しぶりに

24 この写真のまんなかの人は誰ですか。
　　1　正面（しょうめん）　　2　すみ　　　3　はし　　　4　中央（ちゅうおう）

25 子どもがはさみで器用にうさぎの絵を切っている。
　　1　おおざっぱ　　2　ほがらか　　　3　むじゃき　　4　上手

26 この店の料理は値段が安いのに、ボリュームがある。
　　1　量が多い　　　2　種類が多い　　3　特徴（とくちょう）がある　　4　人気がある

27 私のストレス解消法はカラオケで気が済むまで歌うことだ。
　　1　眠くなる　　　2　疲れる　　　3　満足する　　　4　楽しくなる

第1回　第2回　第3回　第4回　第5回　第6回　第7回　第8回　第9回　第10回

問題6 次の言葉の使い方として最もよいものを、1・2・3・4から一つ選びなさい。

28 相違

1 この問題は答えが相違しているから、もう一度やり直してください。

2 地球温暖化について彼が言っていることは事実と相違しているのではないか。

3 すみません、注文した料理と相違しているんですが。

4 約束の時間を相違していて、友だちを1時間も待たせてしまった。

29 きつい

1 このベッドはサイズがきついから、体の大きい人は寝られないだろう。

2 子どもにこんなきつい荷物は持てるわけがないよ。

3 バドミントン部の練習はとてもきついが、いいチームメートに出会えてよかったと思う。

4 田中(たなか)さんはみんなで食べられるようにと、きついケーキを持ってきてくれた。

30 妥当(だとう)

1 給料が安いと言う人もいるが、そんなに大変な仕事ではないし、妥当(だとう)だと思う。

2 そんなうまい話があると思えず、うそだと思っていたが、妥当(だとう)な話だった。

3 ちょうど来客の予定がなくなったので、食事に誘われて妥当(だとう)だった。

4 彼の応援(おうえん)の言葉は、自信をなくした私には妥当(だとう)なものだった。

31 こぼれる

1 お風呂のお湯がこぼれないように、よく見ておいてください。

2 コーヒーを飲みながら歩いていたら、人とぶつかって半分ほどこぼれた。

3 今日はいつもより電車がこんでいて、人がこぼれてしまいそうだ。

4 トラックから荷物がこぼれるとあぶないから、しっかり積んでおかないと。

32 たっぷり

1 先輩は<u>たっぷり</u>怒っていたようで、あいさつもしてくれなかった。

2 彼はあまり話さないから、何を考えているか<u>たっぷり</u>わからない。

3 荷物がたくさんあって、かばんが<u>たっぷり</u>している。

4 時間は<u>たっぷり</u>あるのだから、そんなに急ぐことはない。

第1回
第2回
第3回
第4回
第5回
第6回
第7回
第8回
第9回
第10回

第**10**回

正答数

32問

解答時間のめやす

20

分

解答・解説 ——→ 別冊 **8**ページ

問題 1 ＿＿＿の言葉の読み方として最もよいものを、1・2・3・4から一つ選びなさい。

1 大切なデータのファイルを削除してしまった。
　　1　さくじょ　　　2　けずじょ　　　3　しょうじょ　　　4　しゃくじょ

2 この大学は留学生が２割を占めている。
　　1　せめて　　　　2　とめて　　　　3　きめて　　　　　4　しめて

3 気が短く、怒りっぽいのが彼の欠点だ。
　　1　けつでん　　　2　けっでん　　　3　けつてん　　　　4　けってん

4 社内での競争がはげしく、ストレスが大きい。
　　1　きょそう　　　2　きょうそう　　3　ぎょそう　　　　4　ぎょうそう

5 今月の支出は多くなりそうだ。
　　1　しっしゅつ　　2　しっしゅう　　3　ししゅつ　　　　4　ししゅう

問題2 ＿＿＿の言葉を漢字で書くとき、最もよいものを、1・2・3・4から一つ選びなさい。

6 危険ですから、ただちに建物から出てください。
　　1　直ちに　　　　2　急ちに　　　　3　速ちに　　　　4　起ちに

7 現在私は、新しい家でかいてきに過ごしている。
　　1　開適　　　　　2　開滴　　　　　3　快適　　　　　4　快滴

8 病気になってからほけんに入るのでは遅いと言われてしまった。
　　1　保検　　　　　2　保険　　　　　3　保建　　　　　4　保健

9 妹はギターにむちゅうで、朝から晩まで弾いている。
　　1　無虫　　　　　2　夢虫　　　　　3　無中　　　　　4　夢中

10 地震が起こった時、時計の針は5時46分をさしていた。
　　1　刺して　　　　2　指して　　　　3　示して　　　　4　表して

問題3（　　　　）に入れるのに最もよいものを、1・2・3・4から一つ選びなさい。

11 薬の（　　　）作用だと思うが、熱が出た。

　　1　副　　　　　　　2　後　　　　　　　3　準　　　　　　　4　次

12 庭の植木に水を二日（　　　　）にやっている。

　　1　あけ　　　　　　2　とび　　　　　　3　おき　　　　　　4　ぬけ

13 景色が見たいので、新幹線では窓（　　　）の席に座るようにしている。

　　1　接　　　　　　　2　方　　　　　　　3　側　　　　　　　4　近

14 リーダーに求められるものは、いざというときの判断（　　　）である。

　　1　心　　　　　　　2　力　　　　　　　3　感　　　　　　　4　性

15 もうすぐ（　　　）選挙が行われるからか、テレビでも政治の番組が多くなった。

　　1　全　　　　　　　2　合　　　　　　　3　大　　　　　　　4　総

問題4 （　　　　）に入れるのに最もよいものを、1・2・3・4から一つ選びなさい。

16 田中先生の日本語は、速い上に方言も混じるので（　　　　）わからない。
   1　すっきり　　　　2　さっぱり　　　　3　そっくり　　　　4　こっそり

17 ペットボトルのふたを（　　　　）閉めなかったから、カバンの中でお茶がもれていた。
   1　ずらりと　　　　2　ちゃんと　　　　3　すっと　　　　4　じっと

18 このデパートは、週末でも午前中なら比較的（　　　　）いる。
   1　すいて　　　　2　あいて　　　　3　へって　　　　4　かけて

19 家具の（　　　　）を変えることによって、部屋が広くなった。
   1　接続　　　　2　建設　　　　3　配達　　　　4　配置

20 友達に教えてもらったりして、やっと申込みの手続きが（　　　　）した。
   1　上達　　　　2　完了　　　　3　実現　　　　4　決定

21 今、私は大切なことを聞いているんです。（　　　　）返事はしないでください。
   1　ほがらかな　　2　あいまいな　　3　ふさわしい　　4　みにくい

22 ダイエットして5キロやせたので、この体重を（　　　　）したい。
   1　維持　　　　2　保存　　　　3　保護　　　　4　持参

問題5 ＿＿＿＿の言葉に意味が最も近いものを、1・2・3・4から一つ選びなさい。

23 台風が近づいているので、雨風が強くなくても<u>用心</u>してください。
1 避難（ひ なん）　　2 注意　　　3 用意　　　4 心配

24 せっかくの休みの日だから、<u>さっさと</u>掃除して出かけよう。
1 早く　　　　2 ゆっくり　　3 きちんと　　4 きれいに

25 教師は、子どものそれぞれの<u>長所</u>を理解した上で教育をするべきだ。
1 苦手なところ　　　　　　　2 問題があるところ
3 いいところ　　　　　　　　4 すんでいるところ

26 両親は海が見える丘で<u>暮らして</u>います。
1 生活して　　2 商売して　　3 眠って　　　4 祈って

27 書類が<u>びしょびしょ</u>になっていたのに今気が付いた。
1 やぶれて　　2 おれて　　　3 よごれて　　4 ぬれて

第1回
第2回
第3回
第4回
第5回
第6回
第7回
第8回
第9回
第10回

問題6 次の言葉の使い方として最もよいものを、1・2・3・4から一つ選びなさい。

28 手間

1 今度の仕事は人の手間が必要だから、ほかの部署にも手伝ってもらうことになった。

2 この料理は下準備に手間がかかるが、それさえきちんとすればあとは簡単だ。

3 レポートを書いていたら疲れて眠くなってきたので、ちょっと手間をとって休んだ。

4 いいスピーチのためには、なめらかに話し続けるのではなく、言葉と言葉の手間を工夫するとよい。

29 生き生き

1 鈴木さんはずっと頭が生き生きしていて、難しい問題もすぐに解く。

2 記憶が生き生きしているうちに、報告書を書いてしまおう。

3 私は体が生き生きしているうちは、社会の一員として仕事を続けたい。

4 父は趣味のギターを弾いているときが一番生き生きしている。

30 しつこい

1 彼はしつこい性格で、クラスのみんなから人気がある。

2 娘にしつこくお菓子を買ってほしいと言われたが、買わなかった。

3 今日みたいなしつこい天気の日は、洗濯物が乾きにくい。

4 寝る前にしつこいコーヒーを飲んで、寝られなくなってしまった。

31 油断

1 事故は自分は大丈夫だと油断しているときに起きるものだ。

2 家族でドライブに行ったが、ガソリンが油断して途中で車が動かなくなった。

3 最近油断しているようだけど、何か悩みでもあるの？

4 仕事中に長時間同僚とおしゃべりするなどという油断は許されない。

32 ずらす

1 急な予定が入ったので、旅行を一週間ずらすことにした。

2 仕事の量が多すぎたので、部長に言ってずらしてもらった。

3 来年、課長が転勤で京都から東京へずらされるらしい。

4 工場建設のため、本社を隣にずらすことになった。

執筆者紹介

上田暢美 （うえだ のぶみ）
大学・日本語学校非常勤講師

内田嘉美 （うちだ よしみ）
日本語学校非常勤講師

桑島卓男 （くわじま たくお）
元日本語講師／北海道厚沢部町公営塾 講師

糠野永未子 （ぬかの えみこ）
大学・日本語学校非常勤講師

吉田歌織 （よしだ かおり）
大学・日本語学校非常勤講師

若林佐恵里 （わかばやし さえり）
日本語教師／日本語教師養成講座講師／ライター

安達万里江 （あだち まりえ）
関西学院大学国際学部日本語常勤講師

とりあえず日本語能力試験対策　N2　文字・語彙

2022 年 9 月 30 日　初版第 1 刷発行

著者 ＿＿＿＿＿＿＿＿＿ 上田暢美・内田嘉美・桑島卓男・糠野永未子・吉田歌織・若林佐恵里・安達万里江
発行者 ＿＿＿＿＿＿＿ 吉峰晃一朗・田中哲哉
発行所 ＿＿＿＿＿＿＿ 株式会社ココ出版
　　　　　　　　　　〒162-0828 東京都新宿区袋町 25-30-107
　　　　　　　　　　電話 03-3269-5438　ファクス 03-3269-5438
装丁・組版設計＿＿＿ 工藤亜矢子 （okappa design）
編集協力＿＿＿＿＿＿ 平井美里
印刷・製本＿＿＿＿＿ 株式会社シナノパブリッシングプレス

ISBN 978-4-86676-045-2

文字・語彙／解答・解説

N2

第1回

問題1

1	3
2	3
3	4
4	1
5	3

問題2

6 2

7 4

8 1

9 1 「湿る」＝乾いていたものが水分を含んでほんの少しぬれた状態になる。

10 2

問題3

11 2 「休み明け」＝休日が終わった次の日。

12 1

13 4

14 3 「逆輸入」＝一度輸出したものを輸出先の国から再び輸入すること。

15 3

問題4

16 4

17 1 「着々と」＝物事が問題なく進む様子。

18 3

19 1

20 3

21 2

22 4

問題5

23 1

24 4

25 3

26 3

27 2

問題6

28 3

29 3

30 4

31 2 「試乗会」＝新しく開発された乗り物や購入したい車にためしに乗ることができるイベント。

32 1

第2回

問題1

1	1
2	4
3	4
4	2
5	3

問題2

6 2

7 4 「機能する」＝そのものが本来持っている力を十分に出す。

8 3

9 3

10 2

問題3

11 3

12 1 「会社員風」＝会社員のように見える。

13 2

14 3

15 1

問題 4

[16] 2

[17] 4

[18] 3

[19] 4

[20] 1

[21] 2

[22] 3 「一斉《いっせい》に」＝大勢の人が同時に何か
をする様子。

問題 5

[23] 2

[24] 3

[25] 4

[26] 1

[27] 4

問題 6

[28] 2

[29] 4

[30] 4 「差《さ》し支《つか》える」＝ここでは悪い影響
が出る。

[31] 3 「とっくに」＝ずっと前に。

[32] 2

第3回

問題 1

[1] 4

[2] 3

[3] 3 「著作」＝書きあらわしたもの。小説、
論文など。

[4] 4

[5] 1 「暴行」＝暴力で他人に危害を加え
ること。

問題 2

[6] 1

[7] 2 「導《みちび》く」＝正しい方向や目的の所に
連れていく。

[8] 3

[9] 4

[10] 3

問題 3

[11] 2 「先着順」＝早く到着したものから
順番に。

[12] 1

[13] 1

[14] 3

[15] 4

問題 4

[16] 1

[17] 4

[18] 2

[19] 1

[20] 3

[21] 4 「比例《ひれい》する」＝一方が増減すると、
それに合わせて他方も増減する。

[22] 4

問題 5

[23] 1

[24] 4

[25] 3

[26] 2

[27] 3

問題 6

[28] 2 「幾分《いくぶん》」＝いくらか、少し。

[29] 1

[30] 4 「まごまご」＝どうしたらいいかわ

からず、落ち着かない様子。

31 1

32 3

第4回

問題1

1 1

2 2

3 4

4 1

5 3 「貧しい」＝ここでは、量・質が劣っているという意味。

問題2

6 2

7 2

8 3

9 1

10 4

問題3

11 2

12 4 「期限切れ」＝決められた期間が過ぎて、権利や効果がなくなること。

13 4

14 2

15 1

問題4

16 4 「スト」＝ストライキの略。
「アポ」＝アポイントメントの略。

17 3 「あくまで」＝物事を最後までやりとおす様子。

18 3

19 1

20 4

21 2

22 1

問題5

23 1

24 3

25 4

26 2

27 2 「余裕」＝ゆとり。①時間、②場所、③お金、④気持ちの場合がある。ここでは②の意味。

問題6

28 3

29 1

30 1 「うっかり」＝注意が足りない様子。

31 4

32 3

第5回

問題1

1 4

2 3

3 1

4 2

5 4

問題2

6 1 「能率」＝ある時間内に行える仕事などの割合。

7 3

8 3

9 2

10 1

問題3

11 2 「好印象」＝印象が良いこと。

12 4

13 1

14 3

15 3

問題4

16 2

17 1

18 3

19 3 「愚痴」＝言っても仕方がないこと
を口に出して不満を表す。「〜を言
う」「〜をこぼす」などと使う。

20 1

21 2

22 4

問題5

23 1

24 3

25 2

26 3 「納得する」＝他人の考えや行動を
理解して受け入れる。

27 4

問題6

28 2 「せっせと」＝休まず熱心に物事を
行う様子。

29 2

30 1

31 3

32 4 「みっともない」＝人が見たくない
と思うような様子。ここでは、はず
かしいという意味。

問題1

1 4

2 2

3 3

4 1

5 2

問題2

6 1

7 4 「節約する」＝お金や時間、物を無
駄に使わないようにする。

8 2

9 2

10 4

問題3

11 2

12 4 「諸〜」＝さまざまな〜、いろいろ
な〜。

13 2

14 1

15 3

問題4

16 4

17 2

18 4 「かたよる」＝ある部分に集中して、
バランスが悪くなる。ここでは「栄
養がかたよる」で、食事における栄
養バランスがとれていないことを
指す。

19 1

20 3

21 1

22 2

問題5

[23] 1

[24] 3

[25] 2

[26] 4

[27] 4

問題6

[28] 1

[29] 4 「手入れ」＝良い状態を保つために、整備や世話をすること。

[30] 3

[31] 2

[32] 2 「あわただしい」＝急なこと、重大なことがあって、落ち着かない様子。

第7回

問題1

[1] 2

[2] 1

[3] 4

[4] 3

[5] 1

問題2

[6] 3

[7] 4

[8] 1

[9] 1

[10] 2 「寄付」＝お金や物などを公共事業や学校、寺社などに贈ること。

問題3

[11] 1

[12] 4

[13] 4

[14] 3

[15] 1 「説得力」＝会話や文章などで相手に何かを理解させたり、受け入れさせたりする力。

問題4

[16] 4

[17] 1 「うっすら」＝うすく、少しだけ。

[18] 3

[19] 2

[20] 4

[21] 1

[22] 3

問題5

[23] 3

[24] 4 「つい〜てしまう」＝〜しようと思っていないのに、無意識にしてしまう。ここでは、嘘を言うつもりはなかったのに……という気持ちを表している。

[25] 3

[26] 1

[27] 2

問題6

[28] 1 「加減する」＝適度に調節（コントロール）する。

[29] 3

[30] 3

[31] 1

[32] 4

第8回

問題1

[1] 3

2	1
3	4
4	3
5	4

問題2

6	4
7	1
8	4
9	3
10	2

問題3

11	1
12	4
13	1 「～離れ」＝～に関心がなくなること。ここではテレビを見なくなることを指す。
14	4
15	2

問題4

16	3 「スムーズに」＝トラブルもなく、順調に。
17	1
18	4
19	2 「専念する」＝それだけに集中する。
20	1
21	3
22	3

問題5

23	3
24	4
25	1
26	3
27	2 「短気」＝がまんできない性質で、小さなことですぐに怒ったり、いら

いらしたりすること。

問題6

28	1 「覚悟」＝悪い結果になる、困難な状況になることを予想して、それを受けとめる心の準備をすること。
29	3
30	1 「目安」＝目当て。目標。基準。ここではおおよその見当をつけること。
31	3
32	2

第9回

問題1

1	2
2	1
3	1
4	2
5	3

問題2

6	2
7	3 「テロ」＝テロリズムの略。
8	3
9	1
10	4

問題3

11	4
12	1 「長持ちする」＝長く良い状態を保つ。
13	3
14	2
15	3

問題4

16	4

17 1

18 3

19 1

20 4 「昇進」＝会社などで地位が上がること。

21 2

22 3

問題 5

23 3

24 4

25 4 「器用」＝細かい仕事を上手にやること。

26 1

27 3

問題 6

28 2

29 3

30 1 「妥当」＝適切であること。

31 2

32 4

第10回

問題 1

1 1

2 4

3 4

4 2

5 3

問題 2

6 1 「直ちに」＝すぐ。

7 3

8 2

9 4

10 2

問題 3

11 1

12 3

13 3

14 2 「いざというとき」＝重大な問題や急いでやらなければならないことが実際に起こったとき。

15 4

問題 4

16 2 「さっぱりわからない」＝ぜんぜんわからない。

17 2

18 1

19 4

20 2

21 2

22 1

問題 5

23 2

24 1

25 3

26 1

27 4

問題 6

28 2 「手間」＝そのことをするのにかかる時間や労力。

29 4

30 2

31 1 「油断」＝不注意になること。

32 1